Grands Présidents I numéro **10**

LYNDON B. JOHNSON
ET L'APRÈS KENNEDY

— Un président en guerre contre la pauvreté

par Quentin Convard

50MINUTES

Avec la collaboration de Pierre Frankignoulle

LYNDON BAINES JOHNSON

CARTE D'IDENTITÉ

- **Naissance ?** Le 27 août 1908 à Stonewall (Texas)
- **Mort ?** Le 22 janvier 1973 à Johnson City (Texas)
- **Parti politique ?** Parti démocrate
- **Date de l'élection ?** Le 3 novembre 1964
- **Durée du mandat ?** Cinq ans, un mois et 28 jours
- **Apports majeurs ?**
  - Le programme *Great Society*
  - Les programmes de système de santé *Medicare* et *Medicaid*
  - Le *Voting Rights Act*
  - L'*Immigration and Nationality Act*
  - L'entrée en guerre au Viêt Nam

INTRODUCTION

Originaire du Texas, le démocrate Lyndon Baines Johnson devient le 36e président des États-Unis suite à l'assassinat de John Fitzgerald Kennedy (1917-1963), le 22 novembre 1963. Réélu le 3 novembre 1964, le Texan poursuit son mandat pour les quatre ans qui suivront.

De sa présidence, la mémoire collective se souvient surtout de l'embourbement des troupes américaines dans le conflit vietnamien, alors que lui-même est considéré, a posteriori, comme le président par défaut qui succède au jeune prince de la politique, coqueluche des médias et du peuple. Mais Lyndon Baines Johnson n'est pas seulement l'homme que les circonstances ont désigné : il possède les qualités et les idées nécessaires pour être un homme d'État, en politique intérieure du moins. Après avoir gravi les échelons du pouvoir un à un, il modernise la société américaine en l'espace de deux ans à travers son projet de « grande société », avant d'afficher ses lacunes en matière de politique internationale.

Si John Fitzgerald Kennedy incarne l'Amérique rêveuse et idéaliste du début des années soixante, Lyndon B. Johnson fait entrer les États-Unis dans une nouvelle réalité, celle de la guerre du Viêt Nam et de la réflexion sur le mode de vie du pays.

BIOGRAPHIE

UNE JEUNESSE AMBITIEUSE

Issu d'un milieu protestant et fermier frappé de plein fouet par la crise au début des années vingt, Lyndon B. Johnson est l'aîné d'une fratrie qui compte cinq enfants. Sam Ealy Johnson (1877-1937), son père, réputé bon vivant, est passionné de politique et occupe quelques postes à l'échelon local. Sa mère, Rebekah Baines (1881-1958), est plus effacée, mais nourrit de grandes ambitions pour ses enfants.

Le jeune garçon fréquente l'école publique, mais est loin de briller par ses résultats. Président de sa classe, excellent dans les débats entre élèves, joueur de baseball, il n'en demeure pas moins un élève débrouillard et populaire qui obtient son diplôme en 1924. Il se tourne ensuite vers une carrière d'instituteur en 1930 et enseigne dans un petit village texan.

Mais après quelques mois, Lyndon B. Johnson quitte l'enseignement pour se lancer dans la politique. En 1931, il fait campagne au Texas pour le démocrate Richard Mifflin Kleberg (1887-1955), obtient un poste de secrétaire parlementaire auprès de ce dernier et part pour Washington. Ambitieux, Lyndon B. Johnson use de ce tremplin pour briguer des fonctions bien plus prestigieuses. Pour y parvenir, il côtoie et se fait apprécier de personnalités importantes telles que Franklin Roosevelt (1882-1945), qui deviendra son modèle politique et un précieux soutien dans sa carrière.

À la même époque, il rencontre sa future femme, Claudia Alta Taylor (1912-2007), qu'il épouse le 17 novembre 1934. Ensemble, ils ont deux filles, Lynda en 1944 et Lucy en 1947. Le couple place ses économies dans une petite station de radio qui fructifie grâce au dynamisme de Claudia Alta au point de les rendre millionnaires.

UN DÉBUT DE CARRIÈRE PROMETTEUR

En 1935, la carrière de Lyndon B. Johnson s'accélère lorsqu'il est placé par Franklin Roosevelt à la tête d'une agence gouvernementale chargée de la jeunesse au Texas, la *National Youth Administration*. Travailleur acharné et homme de terrain, il use de ce poste pour se faire connaître auprès des électeurs de son État et acquérir une certaine popularité. Deux ans plus tard, il est élu au Congrès comme représentant d'Austin et du comté de Hill. Il est réélu tous les deux ans, et ce jusqu'en 1949.

En 1941, il brigue l'un des deux postes de sénateur du Texas, mais perd de peu les élections, jugées frauduleuses par certains. En 1948, il tente à nouveau d'entrer au Sénat, mais les élections sont, là aussi, matière à controverse. L'enquête n'aboutissant pas, il est toutefois élu et est affecté au comité des forces armées. Deux ans plus tard, il participe à la création du sous-comité d'enquête sur la mise en état d'alerte des forces armées, dont il devient directeur, ce qui lui confère une reconnaissance nationale.

Par sa stature, son énergie, sa décontraction, son élocution et son authenticité, Lyndon B. Johnson devient rapidement un personnage incontournable du Congrès. En 1953, il est choisi par ses pairs démocrates pour être le chef de l'opposition, et l'année suivante, il est élu chef de la majorité, les démocrates ayant remporté les élections. Il devient ainsi le principal interlocuteur du président républicain Dwight David Eisenhower (1890-1969).

Lyndon B. Johnson est un bourreau de travail, trop peut-être, puisqu'il est victime d'une crise cardiaque en 1955. Mais à peine rétabli, il entre au Sénat où, par sa connaissance des personnes et des institutions, il s'attire la sympathie de ses collègues et assied sa domination sur ses pairs.

UN DESTIN QUI BASCULE

En 1960, Lyndon B. Johnson nourrit des ambitions présidentielles. Apparemment trop confiant sur ses chances d'y parvenir, il ne met pas en place de machine électorale, et ne part pas à la rencontre des électeurs. Il ne favorise donc pas l'adhésion des partisans, au contraire de son rival John Fitzgerald Kennedy, choisi pour représenter le parti, et ce dès le premier tour. Mais, bien qu'ennemis le temps des primaires, les deux hommes forment le ticket démocrate pour les élections de 1960. Sachant qu'il ne pourra gagner le scrutin sans l'aide des démocrates du Sud, Kennedy choisit comme vice-président Lyndon B. Johnson, très apprécié au Texas.

Si Lyndon B. Johnson souhaite devenir un vice-président influent, il reste soumis à la volonté du président. Néanmoins, Kennedy lui confie de prestigieuses missions comme la présidence de la NASA et du comité sur l'égalité dans l'embauche. Il peut également participer aux réunions les plus importantes et voyage à l'étranger pour des missions diplomatiques. Malgré cela, condamné à rester dans l'ombre de Kennedy, il vit son mandat de vice-président comme une expérience frustrante.

Le 22 novembre 1963, jour de l'assassinat du président à Dallas, le destin de Lyndon B. Johnson bascule. C'est désormais à lui de présider le pays. Il prête donc serment et devient le 36e président des États-Unis. Considéré par certains comme un héritier légitime et par d'autres comme un usurpateur, il poursuit le travail de son prédécesseur. Si sur le plan politique, les deux hommes se rapprochent, leurs personnalités diffèrent en tous points. Lyndon B. Johnson est un homme du Sud, fasciné par la figure du cowboy, séduit par l'imaginaire romanesque des pionniers, bercé par les contes de son grand-père évoquant la Frontière. Parfois considéré par ses ennemis comme bavard, grossier et vantard, il est loin de la figure de l'intellectuel, et méprise même les universitaires de la côte Est, sortis de Yale, d'Harvard ou encore de Princeton. Si son élocution et son débit de parole sont célèbres, il éprouve autant de crainte que d'admiration envers ceux qui connaissent et manient la dialectique. Il n'en reste pas moins une figure incontournable du Parti démocrate, un animal politique et un bourreau de travail qui bâtit sa carrière par ses contacts avec des personnalités politiques. Se concentrant sur la politique intérieure, il n'a que peu d'intérêt pour les affaires étrangères et se désintéresse complètement de l'Europe, ce vieux continent dont il estime qu'il n'a plus rien à offrir.

Il est avant tout un pragmatique, qui n'est imprégné d'aucune idéologie sclérosante, qui croit en la force des États-Unis et qui cherche à améliorer le confort de ses concitoyens. Son objectif tient en une formule : la « grande société », qu'il résume de la manière suivante lorsqu'il s'adresse aux étudiants de l'université du Michigan, le 22 mai 1964 : « la fin de la pauvreté et de l'injustice raciale » (MÉLANDRI (Pierre), *Histoire des États-Unis. L'ascension. 1865-1947*, *Paris, Perrin, 2013, p. 682)*.

Quatre ans plus tard, suite aux nombreuses critiques dont il a été l'objet, Lyndon B. Johnson annonce son refus de se présenter pour un second mandat. Le Parti démocrate demande alors au vice-président Hubert Humphrey (1911-1978) de se présenter aux élections présiden-tielles. Lyndon B. Johnson quitte définitivement la vie publique et, en homme simple, décide de se retirer dans son ranch texan, où il décèdera des suites d'une crise cardiaque le 22 janvier 1973.

CONTEXTE POLITIQUE, SOCIAL ET ÉCONOMIQUE

UN VENT D'OPTIMISME

Lorsque Lyndon B. Johnson accède à la présidence en 1963, les États-Unis sont en pleine mutation idéologique. Les années soixante représentent un déferlement de vitalité et de jeunesse, mais aussi de questionnements et de défis, d'innovations et de liberté. La période est riche en progrès techniques, ce qui a un impact sur l'économie du pays, mais aussi sur le mode de vie des Américains, dont la société tend de plus en plus au consumérisme.

Le secteur automobile devient le fleuron de l'industrie des États-Unis, grâce à la démocratisation de la voiture – au détriment du système ferroviaire. À la sortie de la guerre, en 1946, on compte 28 millions de voitures contre 75 millions en 1965. L'automobile bouleverse le paysage américain avec son cortège d'autoroutes gigantesques, de centres commerciaux, de zones d'habitation périurbaines, ou encore de drive-in.

Au-delà de la voiture, les familles se dotent également d'un confort moderne. Séchoir, air conditionné, lave-linge, rien n'est trop beau pour les foyers américains. Au début des années soixante, 96 % de la population possèdent un frigidaire, 89 % une machine à laver et 80 % un téléviseur. Désormais, disposer d'une voiture ou installer une antenne de télévision sur le toit n'est plus perçu comme un symbole de richesse, mais plutôt comme la preuve d'une banalisation de la consommation et des appareils électroniques.

Mais l'économie ralentit à la fin des *fifties* et les élections présidentielles de 1960 viennent sanctionner les choix de l'administration républicaine. En effet, en 1957, 7 % de la population active se trouvent au chômage, une première depuis 20 ans. Dans le même temps, l'indice des prix à la consommation progresse et le taux annuel moyen de croissance, de 4,3 % pour la période 1947-1952, tombe à 2,5 % pour les années suivantes. La politique économique et sociale de Dwight David Eisenhower est donc ouvertement critiquée. De plus, le Congrès devient démocrate en 1958.

RÉSURGENCE DU LIBÉRALISME

Les Américains gardent toutefois confiance dans leur système démocratique, dans les deux grands partis qui dominent le débat et dans leur constitution. Cela entraîne malheureusement le désintérêt d'une large frange de la population pour l'actualité politique. Si aucune crise majeure ne survient, les Américains votent par habitude pour le même parti, et il n'y a que peu de chances que la situation évolue. Entre 1932 et 1952, seuls les démocrates obtiennent les postes les plus importants. Mais la guerre de Corée (1950-1953) et l'atteinte qu'elle porte à l'image de Harry S. Truman (homme d'État américain, 1884-1972) permettent aux républicains de prendre l'avantage pendant huit ans, jusqu'au succès de John Fitzgerald Kennedy.

L'homme fort des années cinquante est sans conteste le républicain Dwight David Eisenhower, général auréolé de prestige, conservateur rassurant et sympathique. Durant ses deux mandats, l'ancien militaire suit la vague et fait ce qu'un peuple peu intéressé par les affaires politiques attend d'un président. Opposé au communisme et proche des milieux d'affaires, la figure du 34e président des États-Unis est cependant vite effacée par le dynamisme de John Kennedy.

À la fin de la décennie, les Américains s'interrogent quant à leur futur et leur mode de vie. Malgré le ralentissement de l'économie à cette époque, la société américaine reste prospère et la nation peut se pencher sur les problèmes longtemps perçus comme secondaires.

Les citoyens attendent désormais des réformes libérales qui amélioreront leur société et la conforteront dans sa position de leader du monde libre face au danger communiste. Incarnés un temps par Franklin Roosevelt, le libéralisme et le progrès social ont été ralentis par le durcissement de la guerre froide (1945-1990) et le maccarthysme (1950-1954). Avec le retour des démocrates au pouvoir, les défis de la société américaine se focalisent alors sur la lutte contre la pauvreté et le combat pour une société plus égalitaire.

LES DROITS CIVIQUES

Depuis, la fin de la Seconde Guerre mondiale (1939-1945), la question de la ségrégation est centrale dans le débat politique aux États-Unis. De nombreux Américains ont conscience que les valeurs de leur nation – dont la liberté individuelle occupe la première place – ne peuvent s'accomplir tant qu'une telle discrimination persiste. Mais le chemin vers la déségrégation est fastidieux. Il faut attendre 1954 et l'arrêt Brown vs. *Board of Education of Topeka* (Arkansas) pour rendre inconstitutionnelle la ségrégation raciale dans les écoles. Cette décision est une étape importante pour l'égalité, mais tous les États ne respectent pas la loi et, en 1957, Dwight David Eisenhower est forcé de faire intervenir les troupes fédérales à Little Rock (Arkansas) pour mettre fin aux manifestations pro-ségrégation ayant eu lieu suite à l'entrée de neuf étudiants noirs dans un lycée de la ville.

LES NEUF DE LITTLE ROCK

Ceux que l'on surnomme « les neuf de Little Rock » sont des étudiants afro-américains empêchés d'étudier à la *Little Rock Central High School*, où ils sont pourtant inscrits. C'est la première fois que cet établissement scolaire accueille des élèves noirs. Mais, farouchement opposé à la déségrégation, le gouverneur de l'État, Orval Faubus (1910-1994), dépêche la garde nationale pour empêcher ces adolescents d'entrer dans le lycée le jour de la rentrée scolaire, le 3 septembre 1957. Pendant près de trois semaines, la ville vit au rythme des manifestations.

Le 24 septembre, après l'intervention de quelque 1 000 soldats de la 101ᵉ division aéroportée sur ordre du président, sept des neuf étudiants noirs entrent dans le lycée. Mais les violences continuent à l'extérieur de l'établissement scolaire et chaque étudiant doit être protégé par un soldat.

Sous l'impulsion de grandes associations de défense des droits des Afro-Américains, comme la NAACP (*National Association for the Advancement of Colored People*) ou l'*Urban League*, les Noirs mettent en œuvre une révolte non violente, multipliant les *sit-in* ou les *freedom rides* (actions menées par des militants dans des bus inter-États afin de vérifier que la ségrégation dans ces moyens de transport est bien abolie).

Au début des années soixante, le processus de déségrégation est loin d'être terminé. Il reste donc un enjeu pour les démocrates. John Kennedy a bien compris la situation et essaie d'éviter de s'aliéner les voix des Blancs du Sud, tout en s'assurant celles de l'électorat noir. Son premier objectif est de renforcer les textes existants, sans trop soutenir les militants dont l'activisme et la désobéissance civile l'agacent. Après lui, Lyndon B. Johnson ira plus loin sur ces questions, en s'engageant sans ambiguïté dans le combat, mais en étant, paradoxalement, plus critiqué et moins apprécié par la communauté afro-américaine.

LA LUTTE CONTRE LE COMMUNISME EN ASIE

Après la Seconde Guerre mondiale, la politique étrangère se résume à une guerre acharnée contre le communisme et le bloc soviétique. Si en Europe la situation ne change que très peu, c'est l'Asie qui inquiète les Américains suite à la progression des idéologies marxistes dans le continent. En 1950, ils ont dû intervenir militairement en Corée, avec pour résultat trois longues années de conflit aboutissant à la création d'un État communiste au nord et d'un État démocratique au sud. En 1962, les États-Unis s'engagent à nouveau sur ce continent pour soutenir l'Inde face aux armées chinoises.

Aux yeux des Américains, la Chine cherche à englober les pays asiatiques et à asseoir sa domination idéologique sur eux. Si le Viêt Nam venait à tomber entre les mains des communistes, les autres nations suivraient et s'écrouleraient aussi rapidement qu'une rangée de dominos. Il faut donc à tout prix endiguer le plus rapidement l'expansion du communisme dans cette partie du monde. Mais comment y parvenir ? La réponse est difficile à trouver en raison du manque de connaissances des Américains sur le monde asiatique. Il est donc convenu de ne pas envoyer des soldats, mais des espions pour soutenir les efforts démocratiques de Ngo Dinh Diem (1901-1963), Premier ministre du Viêt Nam du Sud. Sous le mandat de John Kennedy, la situation s'envenime et prend un dangereux tournant lorsque le président décide de dépêcher secrètement des avions et des agents de la CIA. Mais c'est à Lyndon B. Johnson qu'échoit la responsabilité de faire entrer son pays dans un conflit ouvert.

UNE NOUVELLE MÉTHODE DE TRAVAIL

Le nouveau locataire de la Maison-Blanche est bien décidé à imposer sa marque. Pour commencer, il se sépare de nombreux proches de Kennedy. Il ne garde auprès de lui que Robert McNamara (secrétaire à la Défense, 1916-2009), Dean Rusk (secrétaire d'État, 1909-1994) et Walt Rostow (conseiller spécial pour la Sécurité nationale, 1916-2003). Pour le reste, le Texan choisit des hommes de son entourage, plus jeunes et moins influents.

Au contraire de John Kennedy qui était parfois jugé laxiste sur son travail et qui déléguait beaucoup à ses collaborateurs, Lyndon B. Johnson est omniprésent. S'il apparaît autoritaire, envahissant et exigeant, il est tout autant une personnalité attachante qui construit sa carrière sur les contacts humains. Il s'informe de l'actualité et des réalités sociales par la presse, mais aussi par ses nombreuses relations au Congrès. Car c'est là l'un des atouts majeurs du nouveau président. Les relations avec les *congressmen* sont excellentes, surtout après la large victoire des démocrates aux élections de 1964. Il n'hésite pas à flatter les législateurs en vue, à les faire participer aux projets de loi, à les consulter régulièrement, et va jusqu'à les inviter à la Maison-Blanche ou à leur téléphoner personnellement afin de les faire voter ce que l'exécutif a décidé. En 1965, le président n'a subi qu'un seul véritable échec : le refus du Congrès d'abroger la clause 14b de la loi Taft-Hartley votée en 1946 pour contenir le pouvoir des syndicats.

Ses relations avec les médias sont, par contre, plus chaotiques. Alors que John Kennedy était le chouchou de la presse et surtout de la télévision, c'est tout l'inverse pour Lyndon B. Johnson, qui, peu à l'aise dans cet exercice, se prête au jeu sans succès. Jugé trop grossier ou trop « politicien » par une presse habituée à l'élégance du couple Kennedy et qui, par comparaison, snobe l'authenticité sudiste des Johnson, le président est également critiqué pour ses prises de liberté avec la vérité. Il n'est pourtant pas le premier à chercher à utiliser ou à influencer la presse, mais cela ne lui est pas pardonné. Rien n'y fait, le courant ne passe pas, ce qui ne l'aide pas à se faire comprendre de l'opinion publique, ni à se faire apprécier des cercles universitaires et intellectuels.

L'ÉLECTION DE 1964

Lyndon B. Johnson n'est pas très populaire, mais il est néanmoins élu avec une importante avance aux élections présidentielles de 1964. Il reçoit 43 120 000 voix contre 27 175 000 pour son adversaire, le républicain Barry Goldwater (1909-1998). Ce millionnaire ultraconservateur, farouche opposant au communisme et hostile à l'État providence, inquiète jusque dans son propre parti, centrant le débat sur l'endiguement du communisme en Asie alors que Lyndon B. Johnson promet un avenir meilleur à ses concitoyens.

Cette consécration par les urnes conforte Lyndon B. Johnson dans son concept de « grande société ». Se sentant investi d'une importante mission et ayant les plus grands égards pour la fonction présidentielle, il consacre les deux premières années de son mandat à la modernisation de la société américaine et cible les problèmes à régler : la pauvreté et la discrimination raciale.

LA GUERRE CONTRE LA PAUVRETÉ

La pauvreté est difficile à cerner aux États-Unis parce qu'elle revêt différentes formes. Elle touche aussi bien des Noirs victimes de discrimination que des Blancs qui viennent de perdre leur emploi, des jeunes déscolarisés que des personnes âgées ne bénéficiant pas de soins nécessaires à leur survie. Il est donc difficile de concevoir un programme uniforme pour répondre aux besoins de personnes tellement différentes. Pour améliorer quelque peu la situation, Lyndon B. Johnson fait voter, en août 1964, l'*Economic Opportunity Act*, qui prévoit une aide financière aux plus démunis à hauteur d'un milliard de dollars.

Aux yeux de Lyndon B. Johnson, la guerre contre la pauvreté passe nécessairement par l'amélioration de la formation professionnelle, de la nourriture et des logements pour les communautés les plus démunies. Il convient également, selon lui, de sortir les populations pauvres de l'état d'esprit qui les empêche d'avancer grâce à une meilleure éducation et à une meilleure intégration dans le marché du travail, mais aussi de les responsabiliser en les faisant participer à l'effort du pays. Mais la loi est difficile à faire passer dans un pays qui ne se montre pas très solidaire vis-à-vis des plus démunis. En effet, certains sont effrayés par la vitesse à laquelle augmente le nombre d'habitants dans les ghettos noirs, d'autres ne voient pas d'un bon œil la création d'une « nation d'assistés » ; d'autres encore, hostiles à l'intrusion de l'État fédéral, préféreraient que ces questions soient débattues à l'échelon local. Cependant, si le programme social du président paraît flou, que les plus fortunés craignent de perdre leur argent et que les bénéficiaires ne sont pas certains des retombées du programme, les États-Unis comprennent qu'il est nécessaire d'accepter cette réforme sociale.

Créé dans la foulée et dirigé par Sargent Shriver (1915-2011), le beau-frère de John Kennedy, l'*Office of Economic Opportunity* propose des programmes d'apprentissage, un soutien aux petits commerces et aux fermiers les plus pauvres, ainsi que la création d'écoles maternelles et de centres de récréation de quartier. Les *Community Action Programs*, quant à eux, sont fondés pour gérer les services du programme. Le but de ces projets est aussi d'employer des jeunes des quartiers difficiles afin de les écarter de la tentation de la drogue et des gangs, et de les intégrer à la communauté et à la vie citoyenne. Mais l'année suivante, le Texan va plus loin dans sa réforme d'une société plus égalitaire avec la mise en place d'une assurance maladie pour les personnes âgées.

L'ASSURANCE MALADIE

Le 30 juillet 1965, Lyndon B. Johnson se rend dans le Missouri pour rencontrer Harry S. Truman et son épouse, Bess Truman (1885-1982), afin de signer, en leur compagnie, le programme d'assurance maladie, appelé *Medicare*. À cette époque les anciens présidents ne perçoivent pas, après leur mandat, d'aide financière. Harry S. Truman ne vit donc que des rentes de ses mémoires, mais en 1964, suite à une chute, la santé du 33e président des États-Unis décline et, comme bon nombre de personnes âgées, le couple est incapable de payer les soins médicaux. La visite de Lyndon B. Johnson est donc symbolique, mais la loi qui en découle est d'une importance capitale et transforme la société américaine. Désormais, les personnes âgées de plus de 65 ans bénéficient d'une assurance maladie. Les employés fédéraux qui jouissent d'un régime spécial et les étrangers résidant depuis moins de cinq ans n'entrent cependant pas dans le programme.

Le *Medicaid*, autre programme voté en même temps, complète la loi et permet aux personnes vivant en dessous du seuil de pauvreté de recevoir des soins gratuits. Ce projet est dans la continuité de la politique de John Kennedy. En effet, le 20 mai 1962, ce dernier a déclaré, devant 20 000 personnes réunies au Madison Square Garden, faire de cette question l'une des priorités de son mandat, en dépit de la résistance acharnée des syndicats des médecins. À sa suite, Lyndon B. Johnson mène auprès des législateurs un lobbying efficace, considérant que cette loi repose sur une nécessité morale. Par sa connaissance des rouages administratifs et politiques, le président parvient à la faire voter.

LES DROITS CIVIQUES

Lyndon B. Johnson accepte difficilement le sort que subissent ses concitoyens Noirs. Il prend ainsi à bras-le-corps la cause des Afro-Américains et va plus loin que John Kennedy sur la question. Dès 1964, le Texan fait voter le *Civil Rights Act*, qui interdit toute discrimination en fonction de la race, de la couleur de peau, de la religion ou des origines ethniques, et prévoit la suspension des subventions fédérales aux États qui ne respecteront pas le texte. Cette loi est complétée en 1965 par le *Voting Rights Act*, qui permet d'assurer le droit de vote à tous, et de supprimer la discrimination dans les lieux publics, les services, mais également à l'emploi. Au passage, le droit de vote n'est plus soumis au paiement d'un impôt, ni à un examen des connaissances. En outre, le procureur général est maintenant autorisé à dépêcher des inspecteurs pour vérifier que les populations noires peuvent bien s'inscrire sur les listes électorales. Les résultats sont spectaculaires dans les États qui comptent la plus faible participation électorale des Noirs : en Alabama, les inscrits passent de 19 à 53 % entre 1964 et 1968.

La loi connaît toutefois une opposition féroce. Les élus du Sud, pro-ségrégation, usent de tous les moyens possibles pour ralentir le projet de loi. Ils proposent ainsi 175 amendements et recourent au *filibuster*, pratique qui consiste à prolonger le plus possible les débats, à moins qu'un vote de clôture ne vienne mettre un terme à cette obstruction. Là encore, Lyndon B. Johnson exerce un lobbying puissant sur les législateurs démocrates et républicains et négocie habilement avec Everett Dirksen (1896-1969), le leader républicain au Sénat.

Le 24 septembre 1965, le président signe un ordre exécutif qui recommande aux entreprises et aux institutions recevant des fonds fédéraux de réserver aux minorités non blanches et aux femmes une partie des emplois vacants : c'est là la base de l'*affirmative action*, c'est-à-dire la discrimination positive. Trois ans plus tard, le Congrès abolit la discrimination raciale en matière de logement.

L'*IMMIGRATION AND NATIONALITY ACT* DE 1965

Le 3 octobre 1965, Lyndon B. Johnson signe symboliquement, au pied de la statue de la Liberté, une nouvelle loi sur l'immigration qui abroge les restrictions sur les quotas datant des années vingt. Il existe désormais deux groupes de candidats à l'immigration : 170 000 visas sont prévus pour l'*Eastern Hemisphere* (l'Europe en particulier), et 120 000 pour le *Western Hemisphere* (Amérique latine principalement). Ces quotas seront modifiés à plusieurs reprises par la suite.

Par ailleurs, c'est le regroupement des familles qui est désormais privilégié, plus que les qualifications ou les demandes d'asile politique. Cette loi met donc fin à la fermeture des frontières et aux lois discriminantes en fonction des origines nationales qui prévalaient jusque-là. Les États-Unis, souvent accusés de fermer leur porte aux plus démunis et de favoriser les Européens, redeviennent donc une puissance accueillante recevant chaque année le plus grand nombre d'immigrés. L'*Immigration and Nationality Act* de 1965 marque ainsi un tournant dans la politique internationale américaine.

LA GUERRE DU VIÊT NAM

Malgré sa volonté de prolonger son programme de « grande société », Lyndon B. Johnson souhaite également apparaître comme un président puissant, ennemi du communisme, afin de répondre aux critiques des républicains. C'est d'ailleurs à lui que reviendra la lourde décision d'entrer en guerre contre le Viêt Nam.

Avant lui, John Kennedy avait autorisé la CIA à mener des missions d'espionnage au Viêt Nam afin de mieux connaître la situation sur place, sans en avertir nécessairement le Congrès et encore moins l'opinion publique. Lyndon B. Johnson poursuit sur cette lancée, en donnant toute latitude aux Bérets verts, les forces spéciales rattachées à la CIA. Mais sur place, la situation s'envenime : le président de la république du Viêt Nam, Ngo Dinh Diem, est assassiné et les communistes du Sud du Viêt Nam créent le Viêt-Cong (le front national de libération du Viêt Nam du Sud).

Pour le président, il convient dès lors de frapper vite et fort pour pouvoir s'occuper à nouveau pleinement de la politique intérieure. Alors, lorsque le 2 août 1964, le destroyer américain *Maddox*, stationné dans le golfe du Tonkin, est attaqué par des torpilles nord-vietnamiennes, Lyndon B. Johnson reçoit l'aval du Congrès pour riposter. Dès le 5 août, il lance une offensive aérienne sur le Viêt Nam du Nord. Le peuple américain s'engage donc dans le conflit sans réellement s'en rendre compte, mais avec la certitude qu'il sera rapide.

INFO OU INTOX ?

Quelques années après la fin du conflit, le *New York Times* et le *Washington Post* divulguent aux Américains que l'attaque du *Maddox* relevait davantage d'une erreur que d'une véritable mission préparée. Mais le prétexte était tout trouvé pour attaquer le Viêt Nam.

Si les Américains détiennent le contrôle aérien, ils sont freinés par les guérillas communistes et s'enlisent dans les combats terrestres. Le général William Westmoreland (1914-2005) réclame plus d'hommes, ce qui lui sera accordé : entre 1964 et 1968, les effectifs passent de 23 000 soldats à 480 000. Malgré cela, la situation ne s'améliore guère et les pertes sont nombreuses. Les critiques fusent concernant la manière dont Lyndon B. Johnson gère le conflit.

En mars 1968, la majorité de la population se déclare pour le prolongement du conflit, mais 78 % estiment que le Texan n'est pas l'homme de la situation. Face aux nombreuses critiques, Lyndon B. Johnson décide de ne pas briguer de second mandat, et annonce son choix à la télévision le 28 mars 1968. Hubert Humphrey, son vice-président, est choisi par le Parti démocrate pour représenter le parti aux élections, mais il échoue face à Richard Nixon (1913-1994).

RÉPERCUSSIONS

Si le mandat de Lyndon B. Johnson a très vite été oublié, il a pourtant transformé en profondeur l'Amérique. Dénué d'idéologie aliénante, pragmatique, capable de changer son fusil d'épaule au regard des sondages, il est le précurseur de l'homme politique moderne. Mais ce n'est qu'en 1990 que les Américains le réhabiliteront.

Il est l'un des présidents américains qui, profitant d'un contexte certes favorable, a le plus travaillé au confort de ses concitoyens. Mais la guerre du Viêt Nam l'oblige à se détourner progressivement de son rêve de « grande société » : il ne surveille plus aussi scrupuleusement l'application de son programme social, et le conflit occupe une grande part des budgets fédéraux. Toutefois, si elle n'a pas disparu, la pauvreté a néanmoins diminué. C'est visible notamment dans le Sud grâce au développement de la *Sun Belt*, mais aussi parce que de nombreux démunis ont préféré tenter leur chance dans les villes industrielles du Nord.

LA SUN BELT

La *Sun Belt* est le nom donné aux États-Unis du Sud et de l'Ouest qui, par leur dynamisme économique et leur ensoleillement, offrent un cadre de vie agréable à leurs habitants. Cette région attire de nombreux migrants à la recherche d'un travail dans le secteur de l'agriculture et de la pêche, mais aussi pour les nombreuses mines d'or et les gisements de pétrole dont regorge la région.

Le *Medicare* et le *Medicaid* ont, par contre, porté leurs fruits. La situation des personnes âgées s'est nettement améliorée et le nombre de pauvres sur l'ensemble du pays a fortement diminué : eux qui étaient 39 millions en 1959 – ce qui représente 22 % de la population des États-Unis – ne sont plus que 23 millions en 1973 – soit 11 %.

Mais, la proportion de personnes devant être assistées augmente : si elles étaient 7,1 millions en 1960, elles passent à 11,1 millions en 1969. La société est donc divisée. D'un côté, les contribuables pointent du doigt un système illogique où l'effort n'est pas rétribué ; de l'autre, les démunis s'attendent à plus et se sentent victime des espérances déchues.

Mais l'exemple le plus significatif des désillusions du mandat de Lyndon B. Johnson se rapporte aux droits civiques. Le président s'est bel et bien engagé dans le combat, et ses avancées en la matière donnent envie aux Afro-Américains d'accélérer le processus de désé-grégation. Mais la discrimination persiste et, dans la seconde moitié du XXe siècle, les Noirs connaissent encore un taux de chômage très élevé : en 1963, 29,2 % des Afro-Américains sont concernés. Face à cette situation, le mouvement de protestation se radicalise et la seconde moitié des années soixante connaît une succession d'émeutes raciales, qui font douter l'opinion publique du bien-fondé de l'égalité entre les Blancs et les Noirs.

L'ÉMEUTE DE WATTS

Un soir de l'été 1965 à Los Angeles, un policier arrête un jeune Noir à la suite d'un excès de vitesse. Ce dernier est ivre et ne se soumet pas aux demandes de l'officier. Alerté par le vacarme provoqué par l'interpellation, les habitants du quartier accourent. La situation dégénère quand les policiers usent de leurs armes. Du 11 au 17 août, des magasins et des bus sont saccagés et brûlés, et des policiers sont pris à partie par des Afro-Américains. Au terme de ces six jours d'émeute, on dénombre 34 morts.

L'émeute de Watts n'est malheureusement pas la seule insurrection raciale à s'être produite à cette époque. On en compte 43 pour la seule année 1966, 164 au cours des premiers mois de 1967 et une cen-taine suite à l'assassinat de Martin Luther King (pasteur américain, 1929-1968). Entre 1965 et 1968, les affrontements provoquent la mort de 225 personnes, en blessent 4 000 autres, et les dégâts matériels s'élèvent à 112 millions de dollars. Si Lyndon B. Johnson a été plus loin que ses prédécesseurs dans l'égalité entre Noirs et Blancs, il est pourtant critiqué par les Afro-Américains qui lui préféraient John Fitzgerald Kennedy, meilleur en communication.

Enfin, il est impossible de dissocier le nom de Lyndon B. Johnson de la guerre du Viêt Nam, perçue comme un traumatisme par les Américains et dont les pertes humaines s'élèvent à 60 000 morts. Il échoit donc à Richard Nixon de mettre fin au conflit. La guerre étant de plus en plus impopulaire auprès de l'opinion publique. Les accords de paix de Paris provoquent en 1973 le retrait militaire américain.

EN RÉSUMÉ

27 août 1908	Naissance de Lyndon B. Johnson
22 nov. 1963	Assassinat de John F. Kennedy ; investiture de Lyndon B. Johnson en tant que 36ᵉ président des États-Unis
Août 1964	*Economic Opportunity Act* ; entrée en guerre des États-Unis au Viêt Nam
20 janv. 1965	Seconde investiture
30 juil. 1965	*Medicare* et *Medicaid*
6 août 1965	*Voting Rights Act*
3 oct. 1965	*Immigration and Nationality Act of 1965*
20 janv. 1969	Investiture de Richard Nixon
22 janv. 1973	Décès de Lyndon B. Johnson

- Né en 1908, Lyndon Baines Johnson gravit un à un les échelons de la politique américaine avant de devenir président. Attaché parlementaire de Richard Kleberg, représentant démocrate du Texas en 1937, sénateur en 1948, chef de file démocrate en 1951 au Congrès, il accède à la vice-présidence en 1960.

- Mais, le 22 novembre 1963, John F. Kennedy est assassiné à Dallas. Lyndon B. Johnson devient donc président.

- En 1964, il est élu haut la main face au républicain Barry Goldwater.

- Fort de son succès électoral qui lui permet de se détacher de l'ombre de son prédécesseur, Lyndon B. Johnson propose une série de lois entrant dans son programme de « grande société », qui vise à améliorer le confort de ses concitoyens et l'image de son pays.

- Face à la déliquescence de la situation au Viêt Nam, Lyndon B. Johnson est forcé d'envoyer des soldats américains se battre sur le continent asiatique. Mais l'embourbement des troupes nuit à son image.

- Durant son mandat, il œuvre énormément pour l'égalité entre Noirs et Blancs. Mais malgré les avancées, les mouvements de libération des Noirs se radicalisent et les nombreuses émeutes raciales qui se produisent au cours des années soixante nuisent à la popularité du président, qui ne se représente donc pas en 1968.

- Lyndon B. Johnson se retire dans son ranch au Texas en 1969 et décède en 1973.

POUR ALLER PLUS LOIN

SOURCES BIBLIOGRAPHIQUES

* ANDREW (John A.), *Lyndon Johnson and the Great Society*, Chicago, Ivan R. Dee, 1999.
* BORNET (Vaughn Davis), *The Presidency of Lyndon B. Johnson*, Lawrence, University Press of Kansas, 1988.
* CARUTH (Gordon), *The Encyclopedia of American Facts and Dates*, New York, Harper Collins, 1993.
* JOHNSON (Lyndon B.), *Ma vie de président : 1963-1969*, Paris, Buchet/Chastel, 1972.
* KASPI (André), *Les Américains. Les États-Unis de 1945 à nos jours*, Paris, Seuil, 1986.
* KASPI (André), HARTER (Hélène), *Les Présidents américains*, Paris, Tallandier, 2012.
* MÉLANDRI (Pierre), *Histoire des États-Unis. L'Ascension. 1865-1974*, Paris, Perrin, coll. « Tempus », 2013.
* PORTES (Jacques), *Lyndon Johnson. Le paradoxe américain*, Paris, Payot, 2007.
* STARR (Paul), *The Social Transformation of American Medecine*, New York, Basic Books, 1982.
* WHITE (William Smith), *Lyndon B. Johnson. Le professionnel*, Paris, Buchet/Chastel, 1965.

FILMS

Au cinéma, Lyndon Baines Johnson est incarné par :

* Walter Adrian dans le film *Treize jours* (2000) de Roger Donaldson.
* Liev Schreiber dans le film *Le Majordome* (2013) de Lee Daniels ;
* Sean McGraw dans le film *Parkland* (2013) de Peter Landesman.

www.50minutes.com

Éditeur responsable : Lemaitre Publishing
Rue Lemaitre 6 | BE-5000 Namur
info@lemaitre-editions.com

ISBN ebook : 978-2-8062-5450-4
ISBN papier : 978-2-8062-5629-4
Dépôt légal : D/2014/12603/55
Photo de couverture : © Thomas O'Hallorhan, U.S. News & World Report.

Conception numérique : Primento, le partenaire numérique des éditeurs